EXTREME
WORDLE
CHALLENGE

500 puzzles to do anywhere, anytime

D1511110

How to use this book

In **Extreme Wordle Challenge**, you use letter prompts to solve the puzzle and find the five-letter word suggested by the clue.

The appearance of each letter tells you **if** it occurs in the solution and **where** it appears.

A white letter on a black background means the letter is in the solution and in the correct position, for example the letters **U** and **K** below:

A black letter on a grey background means the letter is in the solution but in the wrong position, for example the letters **U**, **N**, **C** and **H** below:

A black letter on a white background means that the letter is not in the solution at all, for example the letters **I**, **M** and **E** below:

The clue is **WEDGE**, so the solution to the puzzle is **CHUNK**:

Each puzzle has a letter marker underneath, so you can keep track of which letters have been ruled out, like this:

The **TOUGH** puzzles contain more correct letters, more frequently in their correct positions. The **INTENSE** and **EXTREME** puzzles give you fewer prompts.

Good luck!

Puzzle 1
Clue:
ascend

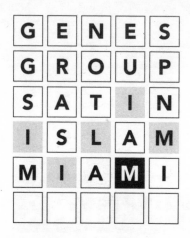

Puzzle 2
Clue:
version

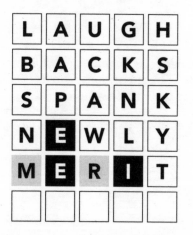

Puzzle 3
Clue: ruler

Puzzle 4
Clue: flash

5

Puzzle 5
Clue: another

Puzzle 6
Clue: joined

Puzzle 7
Clue: data

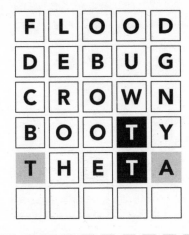

Puzzle 8
Clue:
protect

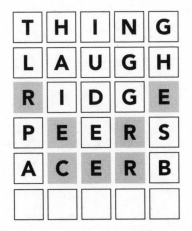

Puzzle 9
Clue: decide

Puzzle 10
Clue: food

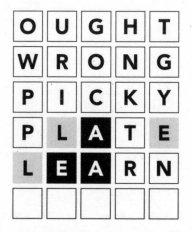

Puzzle 11
Clue: injury

H	A	I	R	Y
S	T	E	E	L
P	I	E	C	E
A	L	O	N	G
F	O	A	L	S

Q W E R T Y U I O P
A S D F G H J K L
Z X C V B N M

Puzzle 12
Clue: type

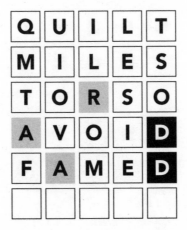

Q	U	I	L	T
M	I	L	E	S
T	O	R	S	O
A	V	O	I	D
F	A	M	E	D

Q W E R T Y U I O P
A S D F G H J K L
Z X C V B N M

9

Puzzle 13
Clue:
dimensions

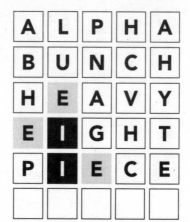

Puzzle 14
Clue:
association

Puzzle 15
Clue: detector

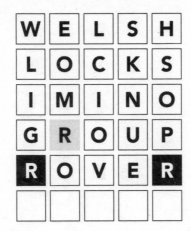

W	E	L	S	H
L	O	C	K	S
I	M	I	N	O
G	R	O	U	P
R	O	V	E	R

Q W E R T Y U I O P
A S D F G H J K L
Z X C V B N M

Puzzle 16
Clue: utterly

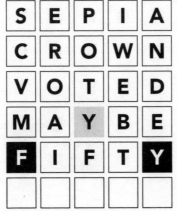

S	E	P	I	A
C	R	O	W	N
V	O	T	E	D
M	A	Y	B	E
F	I	F	T	Y

Q W E R T Y U I O P
A S D F G H J K L
Z X C V B N M

Puzzle 17
Clue: funny

S	U	G	A	R
F	U	L	L	Y
Q	U	I	T	E
B	I	K	E	S
I	N	D	I	E

Q W E R T Y U I O P
A S D F G H J K L
Z X C V B N M

Puzzle 18
Clue: section

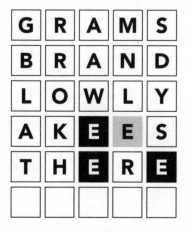

G	R	A	M	S
B	R	A	N	D
L	O	W	L	Y
A	K	E	E	S
T	H	E	R	E

Q W E R T Y U I O P
A S D F G H J K L
Z X C V B N M

Puzzle 19
Clue: page

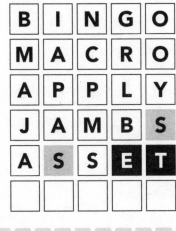

Puzzle 20
Clue:
astonish

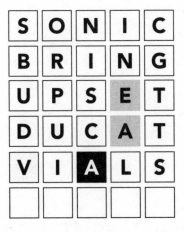

Puzzle 21
Clue: creepy

Puzzle 22
Clue: spirit

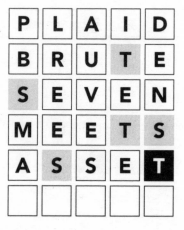

14

Puzzle 23
Clue: truths

Puzzle 24
Clue: schemes

Puzzle 25
Clue: graph

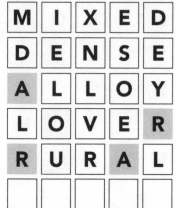

M	I	X	E	D
D	E	N	S	E
A	L	L	O	Y
L	O	V	E	R
R	U	R	A	L

Q W E R T Y U I O P
A S D F G H J K L
Z X C V B N M

Puzzle 26
Clue: machine

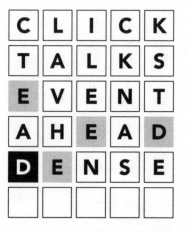

C	L	I	C	K
T	A	L	K	S
E	V	E	N	T
A	H	E	A	D
D	E	N	S	E

Q W E R T Y U I O P
A S D F G H J K L
Z X C V B N M

Puzzle 27
Clue: modernise

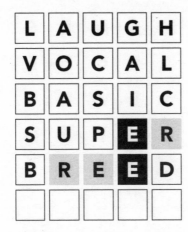

L	A	U	G	H
V	O	C	A	L
B	A	S	I	C
S	U	P	E	R
B	R	E	E	D

Q W E R T Y U I O P
A S D F G H J K L
Z X C V B N M

Puzzle 28
Clue: belief

J	E	R	K	Y
N	O	B	L	E
G	R	O	S	S
U	L	T	R	A
S	H	U	S	H

Q W E R T Y U I O P
A S D F G H J K L
Z X C V B N M

Puzzle 29
Clue:
position

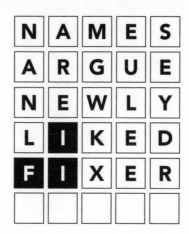

Puzzle 30
Clue:
spheres

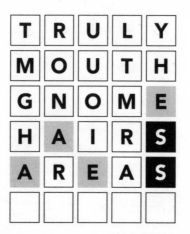

Puzzle 31
Clue: assert

B E R E T
O Z O N E
S M U T S
A R M E D
M A N G A

Q W E R T Y U I O P
A S D F G H J K L
Z X C V B N M

Puzzle 32
Clue: dig

B U N N Y
R A N K S
H O P E R
S L I D E
E N D E D

Q W E R T Y U I O P
A S D F G H J K L
Z X C V B N M

19

Puzzle 33
Clue: call

M U R A L
B A S K S
Q U I C K
A L B U M
N E E D Y

Q W E R T Y U I O P
A S D F G H J K L
Z X C V B N M

Puzzle 34
Clue: empty

W I D T H
S O R T S
C I V I C
L A R G E
A N G L E

Q W E R T Y U I O P
A S D F G H J K L
Z X C V B N M

Puzzle 35
Clue: fish

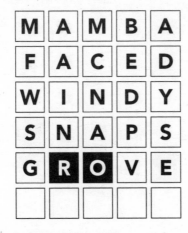

M	A	M	B	A
F	A	C	E	D
W	I	N	D	Y
S	N	A	P	S
G	R	O	V	E

Q W E R T Y U I O P
A S D F G H J K L
Z X C V B N M

Puzzle 36
Clue: leaf

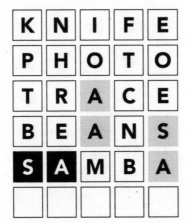

K	N	I	F	E
P	H	O	T	O
T	R	A	C	E
B	E	A	N	S
S	A	M	B	A

Q W E R T Y U I O P
A S D F G H J K L
Z X C V B N M

21

Puzzle 37
Clue:
depicts

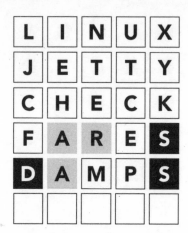

Puzzle 38
Clue:
square

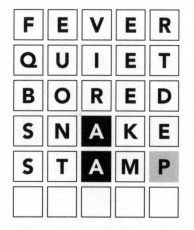

Puzzle 39
Clue: crone

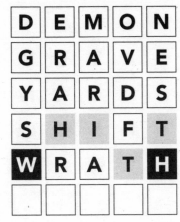

D	E	M	O	N
G	R	A	V	E
Y	A	R	D	S
S	H	I	F	T
W	R	A	T	H

```
Q W E R T Y U I O P
 A S D F G H J K L
   Z X C V B N M
```

Puzzle 40
Clue:
matches

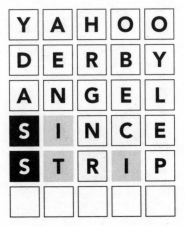

Y	A	H	O	O
D	E	R	B	Y
A	N	G	E	L
S	I	N	C	E
S	T	R	I	P

```
Q W E R T Y U I O P
 A S D F G H J K L
   Z X C V B N M
```

Puzzle 41
Clue: tone

F	E	R	R	Y
S	A	V	E	D
G	R	O	W	N
H	E	L	L	O
F	I	G	H	T

Q W E R T Y U I O P
A S D F G H J K L
Z X C V B N M

Puzzle 42
Clue: trials

M	A	J	O	R
A	L	O	N	G
G	U	I	L	D
B	E	N	C	H
R	E	S	E	T

Q W E R T Y U I O P
A S D F G H J K L
Z X C V B N M

Puzzle 43
Clue: rescues

F	U	N	K	Y
D	I	G	I	T
C	Y	C	L	E
E	B	O	O	K
T	E	N	S	E

Puzzle 44
Clue: marker

T	R	U	N	K
T	W	I	S	T
M	O	N	T	H
R	E	A	D	S
T	A	L	E	S

25

Puzzle 45
Clue: little

E	N	J	O	Y
O	W	I	N	G
U	P	P	E	R
S	I	N	G	E
S	A	T	I	N

```
Q W E R T Y U I O P
 A S D F G H J K L
   Z X C V B N M
```

Puzzle 46
Clue: raw

B	L	O	O	M
T	A	N	K	S
S	W	I	F	T
S	U	R	G	E
A	R	G	U	E

```
Q W E R T Y U I O P
 A S D F G H J K L
   Z X C V B N M
```

Puzzle 47
Clue: game

P	E	A	C	H
M	A	R	K	S
D	U	S	T	Y
A	R	O	S	E
B	O	O	T	S

Q W E R T Y U I O P
A S D F G H J K L
Z X C V B N M

Puzzle 48
Clue: agent

C	H	U	C	K
C	H	I	L	D
L	A	N	E	S
P	O	K	E	R
P	R	I	O	R

Q W E R T Y U I O P
A S D F G H J K L
Z X C V B N M

Puzzle 49
Clue: bright

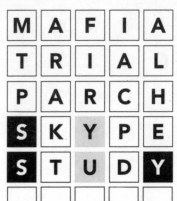

Puzzle 50
Clue: campaign

Puzzle 51
Clue: charm

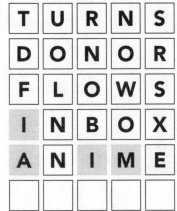

T	U	R	N	S
D	O	N	O	R
F	L	O	W	S
I	N	B	O	X
A	N	I	M	E

Q W E R T Y U I O P
A S D F G H J K L
Z X C V B N M

Puzzle 52
Clue: border

S	K	I	N	S
S	T	U	F	F
L	O	C	A	L
E	I	G	H	T
N	E	V	E	R

Q W E R T Y U I O P
A S D F G H J K L
Z X C V B N M

Puzzle 53
Clue: action

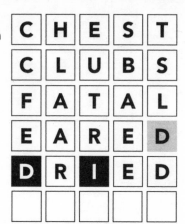

Puzzle 54
Clue: hot

Puzzle 55
Clue: emblems

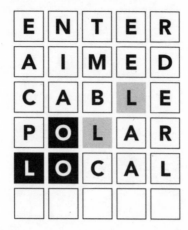

Puzzle 56
Clue: circle

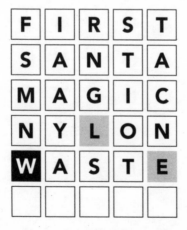

31

Puzzle 57
Clue: dark

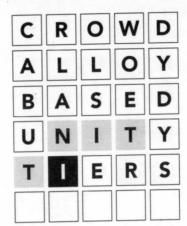

Puzzle 58
Clue: carries

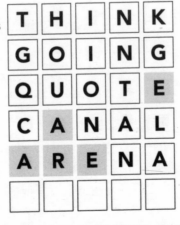

Puzzle 59
Clue: clasps

D	E	B	U	G
P	U	P	P	Y
R	I	V	E	R
S	P	E	N	T
H	O	U	R	S

Q W E R T Y U I O P
A S D F G H J K L
Z X C V B N M

Puzzle 60
Clue: make

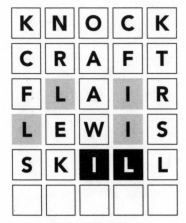

K	N	O	C	K
C	R	A	F	T
F	L	A	I	R
L	E	W	I	S
S	K	I	L	L

Q W E R T Y U I O P
A S D F G H J K L
Z X C V B N M

33

Puzzle 61
Clue: doubt

S	H	A	F	T
M	I	D	G	E
C	O	R	A	L
D	R	O	V	E
R	E	B	E	L

Q W E R T Y U I O P
A S D F G H J K L
Z X C V B N M

Puzzle 62
Clue: span

B	A	B	E	S
P	L	A	C	E
A	L	O	N	G
S	H	I	F	T
H	I	G	H	S

Q W E R T Y U I O P
A S D F G H J K L
Z X C V B N M

Puzzle 63
Clue: digital

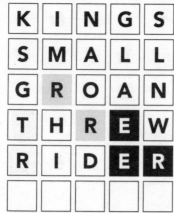

```
K I N G S
S M A L L
G R O A N
T H R E W
R I D E R
[ ] [ ] [ ] [ ]
```

Q W E R T Y U I O P
A S D F G H J K L
Z X C V B N M

Puzzle 64
Clue: matter

```
P R O O F
C L A M P
M A G I C
W I D E R
E L I T E
[ ] [ ] [ ] [ ]
```

Q W E R T Y U I O P
A S D F G H J K L
Z X C V B N M

Puzzle 65
Clue: polls

F	U	N	N	Y
J	A	P	A	N
C	R	A	Z	Y
H	I	L	L	S
L	O	O	P	S

Q W E R T Y U I O P
A S D F G H J K L
Z X C V B N M

Puzzle 66
Clue: finger

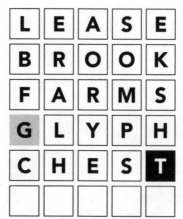

L	E	A	S	E
B	R	O	O	K
F	A	R	M	S
G	L	Y	P	H
C	H	E	S	T

Q W E R T Y U I O P
A S D F G H J K L
Z X C V B N M

36

Puzzle 67
Clue: course

Q	U	E	U	E
H	I	P	P	O
F	A	D	E	S
S	A	M	B	A
A	R	R	A	Y

Q W E R T Y U I O P
A S D F G H J K L
Z X C V B N M

Puzzle 68
Clue: top

A	S	K	E	D
L	I	G	H	T
A	L	A	R	M
R	O	M	A	N
O	N	I	O	N

Q W E R T Y U I O P
A S D F G H J K L
Z X C V B N M

Puzzle 69
Clue: pins

Puzzle 70
Clue: goods

Puzzle 71
Clue: entries

C	L	I	F	F
B	E	I	N	G
C	H	E	A	T
M	O	T	E	L
C	O	D	E	S

Q W E R T Y U I O P
A S D F G H J K L
Z X C V B N M

Puzzle 72
Clue: rather

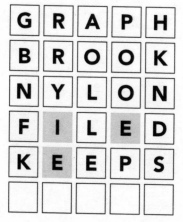

G	R	A	P	H
B	R	O	O	K
N	Y	L	O	N
F	I	L	E	D
K	E	E	P	S

Q W E R T Y U I O P
A S D F G H J K L
Z X C V B N M

Puzzle 73
Clue: cuts

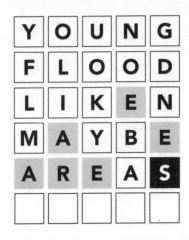

Y	O	U	N	G
F	L	O	O	D
L	I	K	E	N
M	A	Y	B	E
A	R	E	A	S

Q W E R T Y U I O P
A S D F G H J K L
Z X C V B N M

Puzzle 74
Clue: charm

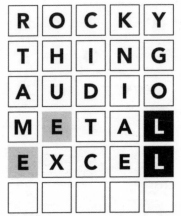

R	O	C	K	Y
T	H	I	N	G
A	U	D	I	O
M	E	T	A	L
E	X	C	E	L

Q W E R T Y U I O P
A S D F G H J K L
Z X C V B N M

Puzzle 75
Clue: cast

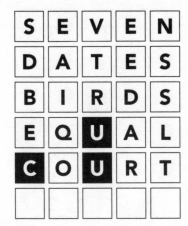

Puzzle 76
Clue: bay

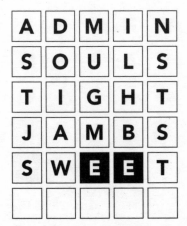

Puzzle 77
Clue: access

E	X	A	M	S
E	A	R	T	H
S	A	N	D	Y
P	I	A	N	O
U	N	I	O	N

Q W E R T Y U I O P
A S D F G H J K L
Z X C V B N M

Puzzle 78
Clue: docks

W	H	E	E	L
C	A	B	I	N
D	A	I	S	Y
S	T	A	F	F
T	E	X	T	S

Q W E R T Y U I O P
A S D F G H J K L
Z X C V B N M

Puzzle 79
Clue: connections

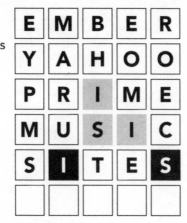

Puzzle 80
Clue: really

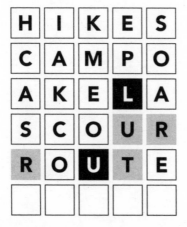

43

Puzzle 81
Clue:
doomed

Puzzle 82
Clue: fate

Puzzle 83
Clue: nice

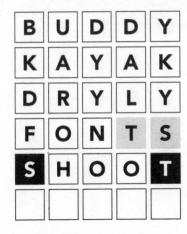

Puzzle 84
Clue: flash

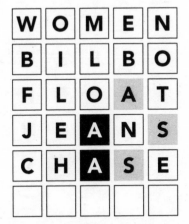

Puzzle 85
Clue: move

Puzzle 86
Clue: below

Puzzle 87
Clue: settle

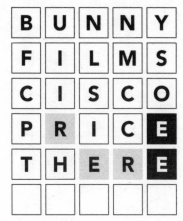

Puzzle 88
Clue: rays

Puzzle 89
Clue: bigger

F	A	T	A	L
C	O	A	C	H
H	A	N	D	S
A	D	M	I	N
D	R	I	E	D

```
Q W E R T Y U I O P
 A S D F G H J K L
   Z X C V B N M
```

Puzzle 90
Clue: shape

W	A	T	T	S
N	A	I	A	D
B	A	N	J	O
E	L	E	C	T
E	N	E	M	A

```
Q W E R T Y U I O P
 A S D F G H J K L
   Z X C V B N M
```

Puzzle 91
Clue: injure

F	E	V	E	R
P	R	I	Z	E
D	Y	I	N	G
B	O	N	E	S
O	N	I	O	N

Q W E R T Y U I O P
A S D F G H J K L
Z X C V B N M

Puzzle 92
Clue: fear

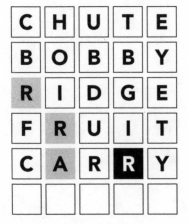

C	H	U	T	E
B	O	B	B	Y
R	I	D	G	E
F	R	U	I	T
C	A	R	R	Y

Q W E R T Y U I O P
A S D F G H J K L
Z X C V B N M

Puzzle 93
Clue: marks

Puzzle 94
Clue: place

Puzzle 95
Clue: leader

F	L	U	I	D
S	C	E	N	E
C	H	I	M	P
J	O	I	N	T
A	C	H	O	O

Q W E R T Y U I O P
A S D F G H J K L
Z X C V B N M

Puzzle 96
Clue: moves

C	L	U	M	P
B	E	I	N	G
M	I	D	G	E
S	H	A	F	T
D	R	E	S	S

Q W E R T Y U I O P
A S D F G H J K L
Z X C V B N M

Puzzle 97
Clue: game

F	U	N	D	S
S	O	L	A	R
F	L	A	R	E
B	A	N	K	S
T	A	S	T	E

Puzzle 98
Clue: extra

S	A	L	E	S
L	E	A	K	Y
W	I	N	G	S
P	R	I	M	E
N	O	R	T	H

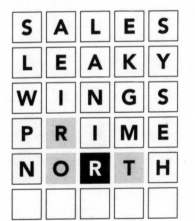

Puzzle 99
Clue: negatively

Puzzle 100
Clue: examine

Puzzle 101
Clue:
complete

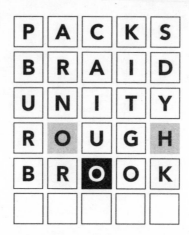

Puzzle 102
Clue:
material

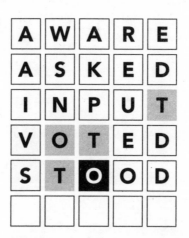

Puzzle 103
Clue: clues

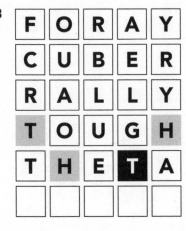

Puzzle 104
Clue: measure

55

Puzzle 105
Clue:
healthy

Puzzle 106
Clue:
compact

Puzzle 107
Clue: records

Puzzle 108
Clue: group

Puzzle 109
Clue: note

B	A	D	L	Y
P	O	U	N	D
P	O	E	M	S
O	F	F	E	R
D	E	L	V	E

Q W E R T Y U I O P
A S D F G H J K L
Z X C V B N M

Puzzle 110
Clue: remove

M	A	M	B	O
A	M	E	N	D
B	O	O	T	H
S	A	L	L	Y
S	W	I	S	S

Q W E R T Y U I O P
A S D F G H J K L
Z X C V B N M

Puzzle 111
Clue: support

F R A U D
B E L L E
S T A N D
D I G I T
S P U R T

Q W E R T Y U I O P
A S D F G H J K L
Z X C V B N M

Puzzle 112
Clue: device

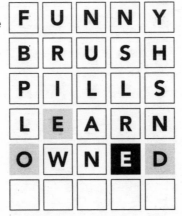

F U N N Y
B R U S H
P I L L S
L E A R N
O W N E D

Q W E R T Y U I O P
A S D F G H J K L
Z X C V B N M

Puzzle 113
Clue: tree

P	L	O	T	S
T	O	M	M	Y
M	I	G	H	T
T	R	E	E	S
R	E	T	R	O

Q W E R T Y U I O P
A S D F G H J K L
Z X C V B N M

Puzzle 114
Clue: reality

A	W	A	K	E
N	O	D	E	S
C	L	E	A	N
S	H	A	F	T
H	E	A	T	H

Q W E R T Y U I O P
A S D F G H J K L
Z X C V B N M

Puzzle 115
Clue: register

Puzzle 116
Clue: body

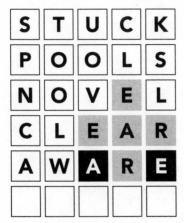

61

Puzzle 117
Clue: stage

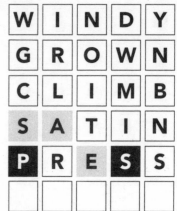

W	I	N	D	Y
G	R	O	W	N
C	L	I	M	B
S	A	T	I	N
P	R	E	S	S

Q W E R T Y U I O P
A S D F G H J K L
Z X C V B N M

Puzzle 118
Clue: outwits

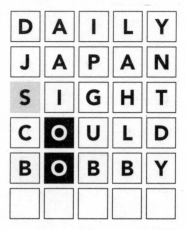

D	A	I	L	Y
J	A	P	A	N
S	I	G	H	T
C	O	U	L	D
B	O	B	B	Y

Q W E R T Y U I O P
A S D F G H J K L
Z X C V B N M

Puzzle 119
Clue: crack

B	U	N	C	H
L	I	M	I	T
S	T	O	R	E
F	I	N	D	S
N	E	E	D	S

Q W E R T Y U I O P
A S D F G H J K L
Z X C V B N M

Puzzle 120
Clue: singing

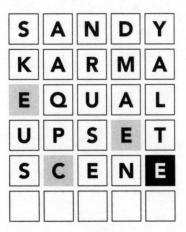

S	A	N	D	Y
K	A	R	M	A
E	Q	U	A	L
U	P	S	E	T
S	C	E	N	E

Q W E R T Y U I O P
A S D F G H J K L
Z X C V B N M

63

Puzzle 121
Clue: tracks

L	I	M	I	T
A	C	H	E	D
D	I	R	T	Y
P	I	C	K	S
O	A	S	I	S

Q W E R T Y U I O P
A S D F G H J K L
Z X C V B N M

Puzzle 122
Clue: present

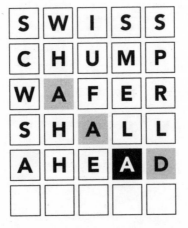

S	W	I	S	S
C	H	U	M	P
W	A	F	E	R
S	H	A	L	L
A	H	E	A	D

Q W E R T Y U I O P
A S D F G H J K L
Z X C V B N M

Puzzle 123
Clue: fowl

P	R	O	O	F
A	N	N	E	X
T	E	A	M	S
B	I	R	T	H
T	W	E	A	K

Q W E R T Y U I O P
A S D F G H J K L
Z X C V B N M

Puzzle 124
Clue: blow

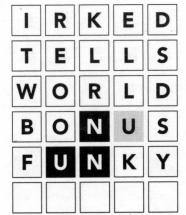

I	R	K	E	D
T	E	L	L	S
W	O	R	L	D
B	O	N	U	S
F	U	N	K	Y

Q W E R T Y U I O P
A S D F G H J K L
Z X C V B N M

Puzzle 125
Clue: absurd

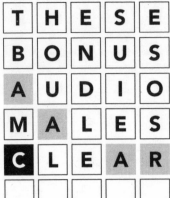

T	H	E	S	E
B	O	N	U	S
A	U	D	I	O
M	A	L	E	S
C	L	E	A	R

Q W E R T Y U I O P
A S D F G H J K L
Z X C V B N M

Puzzle 126
Clue: scans

G	A	U	G	E
C	H	A	R	M
B	A	D	L	Y
F	A	L	S	E
L	I	S	T	S

Q W E R T Y U I O P
A S D F G H J K L
Z X C V B N M

Puzzle 127
Clue:
records

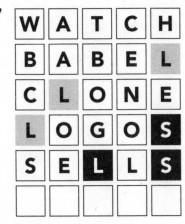

Puzzle 128
Clue:
suppose

Puzzle 129
Clue: flops

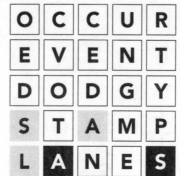

O	C	C	U	R
E	V	E	N	T
D	O	D	G	Y
S	T	A	M	P
L	A	N	E	S

Q W E R T Y U I O P
A S D F G H J K L
Z X C V B N M

Puzzle 130
Clue: cared

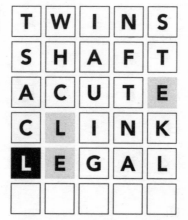

T	W	I	N	S
S	H	A	F	T
A	C	U	T	E
C	L	I	N	K
L	E	G	A	L

Q W E R T Y U I O P
A S D F G H J K L
Z X C V B N M

Puzzle 131
Clue: incident

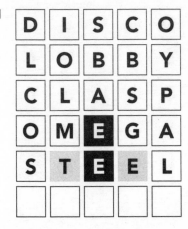

D I S C O
L O B B Y
C L A S P
O M E G A
S T E E L

Q W E R T Y U I O P
A S D F G H J K L
Z X C V B N M

Puzzle 132
Clue: slight

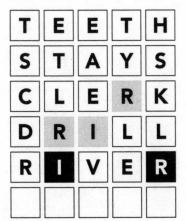

T E E T H
S T A Y S
C L E R K
D R I L L
R I V E R

Q W E R T Y U I O P
A S D F G H J K L
Z X C V B N M

Puzzle 133
Clue: berry

M	A	K	E	R
V	I	R	U	S
P	A	N	I	C
B	E	L	T	S
C	O	L	O	N

Puzzle 134
Clue: spoils

D	E	L	V	E
G	R	A	M	S
S	P	E	L	L
C	Y	C	L	E
Y	O	U	R	S

Puzzle 135
Clue: range

A	D	M	I	N
B	L	U	F	F
T	R	U	N	K
I	O	N	I	C
C	R	O	W	N

```
Q W E R T Y U I O P
 A S D F G H J K L
   Z X C V B N M
```

Puzzle 136
Clue: rinse

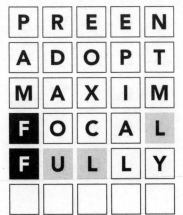

P	R	E	E	N
A	D	O	P	T
M	A	X	I	M
F	O	C	A	L
F	U	L	L	Y

```
Q W E R T Y U I O P
 A S D F G H J K L
   Z X C V B N M
```

71

Puzzle 137
Clue: runny

E	N	J	O	Y
W	A	T	C	H
C	A	S	E	D
G	R	A	N	D
A	I	M	E	D

Q W E R T Y U I O P
A S D F G H J K L
Z X C V B N M

Puzzle 138
Clue: future

G	R	O	W	N
B	U	T	T	S
P	R	I	M	E
W	E	L	L	Y
E	N	D	E	D

Q W E R T Y U I O P
A S D F G H J K L
Z X C V B N M

72

Puzzle 139
Clue: from

K	N	I	F	E
L	I	V	E	D
A	G	E	N	T
O	R	D	E	R
R	A	Z	O	R

Q W E R T Y U I O P
A S D F G H J K L
Z X C V B N M

Puzzle 140
Clue:
appears

G	O	I	N	G
C	L	I	F	F
F	A	U	L	T
P	A	C	K	S
R	I	S	K	S

Q W E R T Y U I O P
A S D F G H J K L
Z X C V B N M

Puzzle 141
Clue: stick

Puzzle 142
Clue: advertising

Puzzle 143
Clue: bother

B	A	S	I	C
F	A	L	L	S
D	E	N	S	E
H	O	P	E	S
R	O	V	E	R

Q W E R T Y U I O P
A S D F G H J K L
Z X C V B N M

Puzzle 144
Clue: steady

H	O	S	T	S
C	H	A	I	N
A	B	O	U	T
F	A	C	E	D
E	N	E	M	Y

Q W E R T Y U I O P
A S D F G H J K L
Z X C V B N M

Puzzle 145
Clue: trainer

M	I	M	E	D
G	U	E	S	T
T	H	I	E	F
O	P	E	N	S
L	O	C	K	S

Puzzle 146
Clue: shine

S	A	I	N	T
W	O	O	D	S
O	U	G	H	T
B	L	A	C	K
H	O	L	L	Y

Puzzle 147
Clue: papers

C	L	I	F	F
Y	A	C	H	T
S	H	O	R	E
L	E	A	V	E
S	A	I	L	S

Q W E R T Y U I O P
A S D F G H J K L
Z X C V B N M

Puzzle 148
Clue: leap

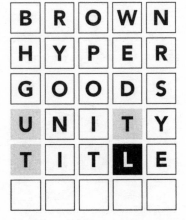

B	R	O	W	N
H	Y	P	E	R
G	O	O	D	S
U	N	I	T	Y
T	I	T	L	E

Q W E R T Y U I O P
A S D F G H J K L
Z X C V B N M

Puzzle 149
Clue: garment

A	G	A	I	N
B	E	E	F	Y
D	R	Y	A	D
S	C	U	B	A
S	T	I	C	K

Q W E R T Y U I O P
A S D F G H J K L
Z X C V B N M

Puzzle 150
Clue: form

L	Y	R	I	C
F	L	O	U	R
W	A	G	O	N
T	R	E	A	T
L	E	A	S	E

Q W E R T Y U I O P
A S D F G H J K L
Z X C V B N M

Puzzle 151
Clue: drops

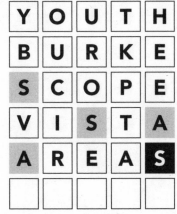

Puzzle 152
Clue: instruments

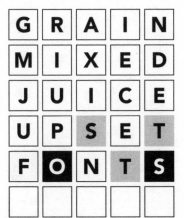

Puzzle 153
Clue:
choose

P	L	A	T	E
D	R	A	M	A
F	L	O	O	R
B	R	I	D	E
S	H	I	F	T

Q W E R T Y U I O P
A S D F G H J K L
Z X C V B N M

Puzzle 154
Clue:
requirements

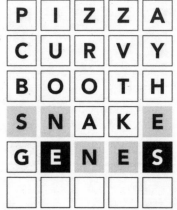

P	I	Z	Z	A
C	U	R	V	Y
B	O	O	T	H
S	N	A	K	E
G	E	N	E	S

Q W E R T Y U I O P
A S D F G H J K L
Z X C V B N M

Puzzle 155
Clue: descendant

O	Z	O	N	E
F	E	M	U	R
B	A	K	E	R
P	I	E	C	E
A	C	I	D	S

Q W E R T Y U I O P
A S D F G H J K L
Z X C V B N M

Puzzle 156
Clue: figures

H	A	V	E	N
T	H	E	F	T
F	R	U	I	T
S	O	U	N	D
W	O	R	D	S

Q W E R T Y U I O P
A S D F G H J K L
Z X C V B N M

Puzzle 157
Clue: singers

W	A	N	T	S
S	E	V	E	N
M	I	L	K	Y
T	O	P	I	C
C	O	A	C	H

```
Q W E R T Y U I O P
 A S D F G H J K L
   Z X C V B N M
```

Puzzle 158
Clue: group

K	N	I	F	E
H	O	L	E	S
J	U	I	C	E
B	R	E	A	K
S	O	R	R	Y

```
Q W E R T Y U I O P
 A S D F G H J K L
   Z X C V B N M
```

Puzzle 159
Clue: crucial

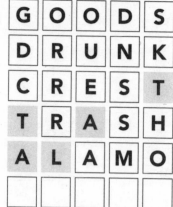

G	O	O	D	S
D	R	U	N	K
C	R	E	S	T
T	R	A	S	H
A	L	A	M	O

Q W E R T Y U I O P
A S D F G H J K L
Z X C V B N M

Puzzle 160
Clue: city

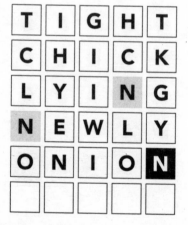

T	I	G	H	T
C	H	I	C	K
L	Y	I	N	G
N	E	W	L	Y
O	N	I	O	N

Q W E R T Y U I O P
A S D F G H J K L
Z X C V B N M

Puzzle 161
Clue: wares

T	I	T	L	E
A	N	N	E	X
B	U	T	Y	L
S	H	O	R	T
U	S	E	R	S

Puzzle 162
Clue: matter

D	R	I	V	E
B	A	D	L	Y
P	R	E	S	S
W	O	R	T	H
T	O	X	I	C

Puzzle 163
Clue:
instructions

Puzzle 164
Clue: origin

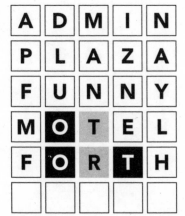

Puzzle 165
Clue: noted

B	R	E	A	M
H	A	I	R	Y
F	A	D	E	S
C	O	U	N	T
N	Y	L	O	N

Q W E R T Y U I O P
A S D F G H J K L
Z X C V B N M

Puzzle 166
Clue: leader

S	T	R	A	P
B	R	O	O	K
V	I	R	A	L
B	E	G	I	N
E	L	I	T	E

Q W E R T Y U I O P
A S D F G H J K L
Z X C V B N M

Puzzle 167
Clue: works

S	P	L	I	T
B	U	S	E	S
F	E	R	R	Y
C	H	O	S	E
C	O	A	C	H

```
Q W E R T Y U I O P
 A S D F G H J K L
  Z X C V B N M
```

Puzzle 168
Clue: skills

B	U	N	C	H
D	E	V	O	N
S	A	N	D	Y
F	L	U	I	D
I	R	I	S	H

```
Q W E R T Y U I O P
 A S D F G H J K L
  Z X C V B N M
```

Puzzle 169
Clue: seed

D	R	I	E	D
B	O	X	E	S
F	U	Z	Z	Y
C	L	I	M	B
G	L	A	S	S

Q W E R T Y U I O P
A S D F G H J K L
Z X C V B N M

Puzzle 170
Clue:
number

W	O	N	K	Y
B	I	N	G	O
V	O	C	A	L
S	E	L	L	S
E	L	I	T	E

Q W E R T Y U I O P
A S D F G H J K L
Z X C V B N M

Puzzle 171
Clue: central

S	E	N	D	S
G	U	E	S	T
R	U	G	B	Y
B	A	T	C	H
C	H	A	I	R

Q W E R T Y U I O P
A S D F G H J K L
Z X C V B N M

Puzzle 172
Clue: shack

G	R	O	U	P
S	L	E	E	K
W	H	O	S	E
K	N	I	F	E
G	I	V	E	N

Q W E R T Y U I O P
A S D F G H J K L
Z X C V B N M

Puzzle 173
Clue: ends

C	Y	B	E	R
F	U	Z	Z	Y
Q	U	I	T	E
T	A	K	E	N
O	S	C	A	R

Puzzle 174
Clue: careful

N	Y	L	O	N
B	O	N	D	S
I	S	L	A	M
P	A	T	H	S
T	H	E	T	A

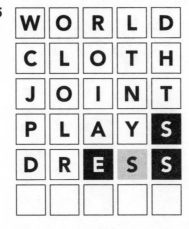

Puzzle 175
Clue: searches

W	O	R	L	D
C	L	O	T	H
J	O	I	N	T
P	L	A	Y	S
D	R	E	S	S

Q W E R T Y U I O P
A S D F G H J K L
Z X C V B N M

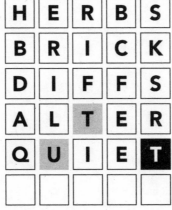

Puzzle 176
Clue: display

H	E	R	B	S
B	R	I	C	K
D	I	F	F	S
A	L	T	E	R
Q	U	I	E	T

Q W E R T Y U I O P
A S D F G H J K L
Z X C V B N M

Puzzle 177
Clue: odd

Puzzle 178
Clue:
tablets

Puzzle 179
Clue:
messages

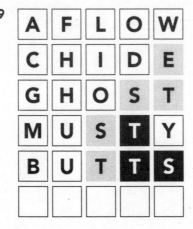

A	F	L	O	W
C	H	I	D	E
G	H	O	S	T
M	U	S	T	Y
B	U	T	T	S

Q W E R T Y U I O P
A S D F G H J K L
Z X C V B N M

Puzzle 180
Clue: twist

W	O	M	A	N
L	I	G	H	T
D	E	P	O	T
U	S	E	R	S
E	R	R	O	R

Q W E R T Y U I O P
A S D F G H J K L
Z X C V B N M

Puzzle 181
Clue:
European

M	E	R	R	Y
B	O	N	E	S
U	P	P	E	R
S	C	U	B	A
C	U	B	I	C

Q W E R T Y U I O P
A S D F G H J K L
Z X C V B N M

Puzzle 182
Clue:
continues

G	R	I	L	L
C	O	M	I	C
V	I	T	A	L
E	N	J	O	Y
R	E	N	E	W

Q W E R T Y U I O P
A S D F G H J K L
Z X C V B N M

Puzzle 183
Clue:
fronted

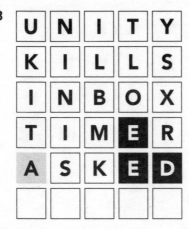

Puzzle 184
Clue:
mental

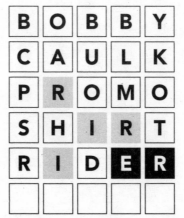

Puzzle 185
Clue: sights

C	A	R	R	Y
P	O	U	N	D
T	H	A	N	K
T	E	R	M	S
F	I	L	E	S

Q W E R T Y U I O P
A S D F G H J K L
Z X C V B N M

Puzzle 186
Clue: outer

F	I	F	T	Y
B	E	B	O	P
C	A	P	E	R
D	E	A	L	T
E	A	G	L	E

Q W E R T Y U I O P
A S D F G H J K L
Z X C V B N M

Puzzle 187
Clue: mist

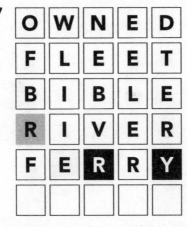

Puzzle 188
Clue: distant

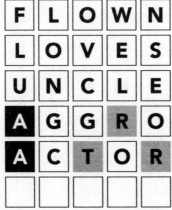

97

Puzzle 189
Clue: cyclist

M	O	U	T	H
B	U	C	K	S
A	M	O	N	G
D	R	A	F	T
A	D	D	E	D

Puzzle 190
Clue: animal

T	R	A	C	K
M	E	R	G	E
I	N	B	O	X
S	A	N	D	Y
R	E	P	L	Y

Puzzle 191
Clue: shipment

Puzzle 192
Clue: slow

Puzzle 193
Clue: link

B	A	K	E	R
L	E	V	E	L
M	A	M	B	O
O	F	T	E	N
T	O	O	T	H

Q W E R T Y U I O P
A S D F G H J K L
Z X C V B N M

Puzzle 194
Clue: farmhouse

S	K	Y	P	E
D	O	U	B	T
M	U	S	I	C
C	R	A	Z	Y
R	A	D	A	R

Q W E R T Y U I O P
A S D F G H J K L
Z X C V B N M

Puzzle 195
Clue:
happen

M	E	A	L	Y
P	A	N	T	S
C	H	I	V	E
F	O	U	N	D
Q	U	E	U	E

Q W E R T Y U I O P
A S D F G H J K L
Z X C V B N M

Puzzle 196
Clue: cereal

P	H	O	T	O
B	A	L	K	S
C	L	E	R	K
A	G	O	R	A
R	A	D	A	R

Q W E R T Y U I O P
A S D F G H J K L
Z X C V B N M

101

Puzzle 197
Clue: forest

I	N	B	O	X
C	O	U	L	D
W	A	T	C	H
S	T	A	M	P
H	O	S	T	S

Puzzle 198
Clue: challenging

A	D	D	E	D
C	A	N	D	Y
V	I	L	L	A
G	O	A	L	S
D	O	G	M	A

Puzzle 199
Clue: weapons

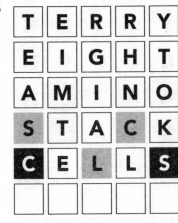

T	E	R	R	Y
E	I	G	H	T
A	M	I	N	O
S	T	A	C	K
C	E	L	L	S

Q W E R T Y U I O P
A S D F G H J K L
Z X C V B N M

Puzzle 200
Clue: again

R	O	U	G	H
B	U	R	N	S
L	O	V	E	R
P	E	N	N	Y
W	H	E	R	E

Q W E R T Y U I O P
A S D F G H J K L
Z X C V B N M

Puzzle 201
Clue: clean

Puzzle 202
Clue: sorrowfully

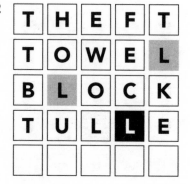

Puzzle 203
Clue: hoax

Puzzle 204
Clue: uproar

Puzzle 205
Clue: pattern

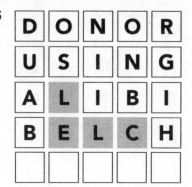

Puzzle 206
Clue: pasta

Puzzle 207
Clue: trite

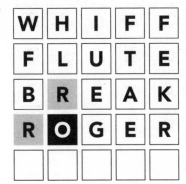

W	H	I	F	F
F	L	U	T	E
B	R	E	A	K
R	O	G	E	R

Q W E R T Y U I O P
A S D F G H J K L
Z X C V B N M

Puzzle 208
Clue: fat

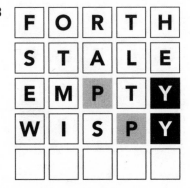

F	O	R	T	H
S	T	A	L	E
E	M	P	T	Y
W	I	S	P	Y

Q W E R T Y U I O P
A S D F G H J K L
Z X C V B N M

Puzzle 209
Clue: copy

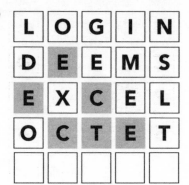

L	O	G	I	N
D	E	E	M	S
E	X	C	E	L
O	C	T	E	T

Puzzle 210
Clue: herb

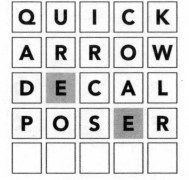

Q	U	I	C	K
A	R	R	O	W
D	E	C	A	L
P	O	S	E	R

Puzzle 211
Clue: quick

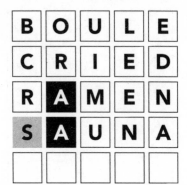

B	O	U	L	E
C	R	I	E	D
R	A	M	E	N
S	A	U	N	A

```
Q W E R T Y U I O P
 A S D F G H J K L
   Z X C V B N M
```

Puzzle 212
Clue: cold

M	A	T	E	Y
R	U	M	P	S
D	I	N	G	O
F	R	I	S	K

```
Q W E R T Y U I O P
 A S D F G H J K L
   Z X C V B N M
```

R	O	O	S	T
D	U	T	C	H
I	N	L	E	T
K	N	O	L	L

Puzzle 214
Clue: pleased

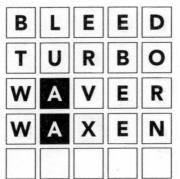

B	L	E	E	D
T	U	R	B	O
W	A	V	E	R
W	A	X	E	N

I
N
T
E
N
S
E

Puzzle 215
Clue: brace

F	L	E	C	K
H	O	V	E	L
G	R	A	Z	E
B	R	A	I	N

Puzzle 216
Clue: mammal

B	R	O	O	K
S	Q	U	A	D
C	A	N	N	Y
A	W	A	S	H

Puzzle 217
Clue: chasm

M	O	V	I	E
C	H	O	R	D
B	E	G	A	N
A	O	R	T	A

Puzzle 218
Clue: vision

P	O	K	E	R
Q	U	E	U	E
C	A	D	E	T
G	R	A	N	T

Puzzle 219
Clue: mock

Puzzle 220
Clue: filter

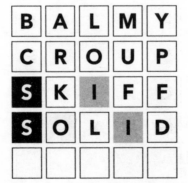

Puzzle 221
Clue: visitor

B	I	R	C	H
C	L	A	N	K
M	O	T	I	F
E	L	I	T	E

Puzzle 222
Clue: notes

P	A	T	C	H
W	R	I	N	G
N	A	I	V	E
Q	U	E	E	N

Puzzle 223
Clue: crustacean

Puzzle 224
Clue: burn

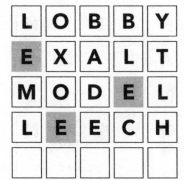

115

Puzzle 225
Clue: decorate

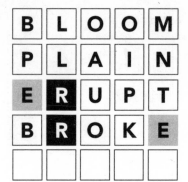

Puzzle 226
Clue: start

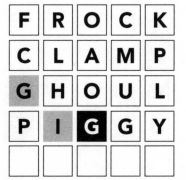

Puzzle 227
Clue: joy

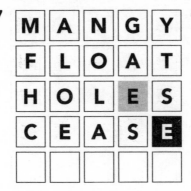

Puzzle 228
Clue: cheerful

Puzzle 229
Clue: tarnished

Puzzle 230
Clue: robust

Puzzle 231
Clue: passionate

Puzzle 232
Clue: more

Puzzle 233
Clue: torment

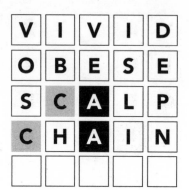

Puzzle 234
Clue: energetic

Puzzle 235
Clue: diversion

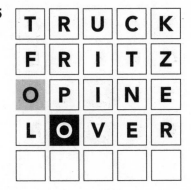

T	R	U	C	K
F	R	I	T	Z
O	P	I	N	E
L	O	V	E	R

Q W E R T Y U I O P
A S D F G H J K L
Z X C V B N M

Puzzle 236
Clue: bar

L	O	Y	A	L
T	H	Y	M	E
J	O	K	E	R
D	R	A	K	E

Q W E R T Y U I O P
A S D F G H J K L
Z X C V B N M

Puzzle 237
Clue: master

P	A	S	T	A
T	H	R	U	M
W	H	E	L	P
C	L	E	A	N

Puzzle 238
Clue: embellishment

Z	E	S	T	Y
B	I	N	D	S
R	A	R	E	R
D	I	A	R	Y

Puzzle 239
Clue: useful

Puzzle 240
Clue: absolute

Puzzle 241
Clue:
celebrate

S	P	I	C	Y
G	U	S	T	O
K	N	E	A	D
T	H	R	E	E

Puzzle 242
Clue:
deception

G	A	P	P	Y
T	E	N	O	R
S	L	I	D	E
C	L	E	A	R

Puzzle 243
Clue: knock

F	E	W	E	R
W	E	I	G	H
P	O	L	Y	P
L	I	N	G	O

Puzzle 244
Clue: dull

C	L	A	C	K
H	A	Z	E	L
A	B	O	D	E
O	U	T	D	O

125

Puzzle 245
Clue: little

Puzzle 246
Clue: proof

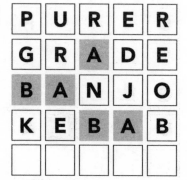

Puzzle 248
Clue: pale

127

Puzzle 249
Clue: axis

Puzzle 250
Clue: shatter

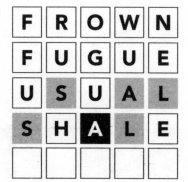

Puzzle 251
Clue: female

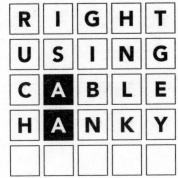

R	I	G	H	T
U	S	I	N	G
C	A	B	L	E
H	A	N	K	Y

Puzzle 252
Clue: middle

M	O	U	N	D
D	E	F	E	R
A	G	L	O	W
P	A	G	A	N

Puzzle 253
Clue: stale

F	L	U	F	F
B	A	T	O	N
V	E	R	S	O
S	H	E	E	P

Puzzle 254
Clue: waste

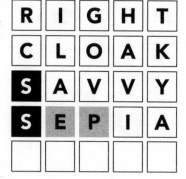

R	I	G	H	T
C	L	O	A	K
S	A	V	V	Y
S	E	P	I	A

Puzzle 255
Clue: less

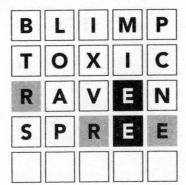

B	L	I	M	P
T	O	X	I	C
R	A	V	E	N
S	P	R	E	E

Puzzle 256
Clue: grinder

P	I	T	H	Y
E	E	R	I	E
F	R	I	E	D
R	U	D	E	R

131

Puzzle 257
Clue: take

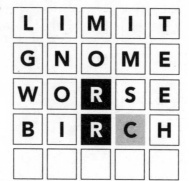

L	I	M	I	T
G	N	O	M	E
W	O	R	S	E
B	I	R	C	H

Puzzle 258
Clue:
cosmetic

K	I	N	K	Y
P	L	A	I	T
D	A	N	C	E
B	E	L	L	E

Puzzle 259
Clue: hazy

Q	U	E	L	L
R	I	P	E	R
S	W	U	N	G
S	T	A	V	E

Puzzle 260
Clue: island

B	I	C	E	P
O	W	I	N	G
F	O	U	N	D
S	P	O	O	K

133

Puzzle 261
Clue: prompt

Puzzle 262
Clue: bend

Puzzle 263
Clue: mallet

S	H	I	R	T
T	R	A	C	K
C	H	E	A	P
T	E	P	E	E

Puzzle 264
Clue:
majestic

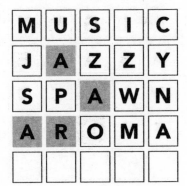

M	U	S	I	C
J	A	Z	Z	Y
S	P	A	W	N
A	R	O	M	A

Puzzle 265
Clue: spare

Puzzle 266
Clue: spice

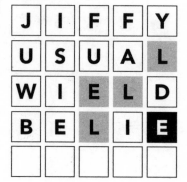

136

Puzzle 267
Clue: sphere

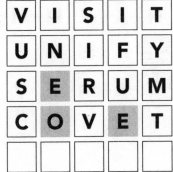

V	I	S	I	T
U	N	I	F	Y
S	E	R	U	M
C	O	V	E	T

Q W E R T Y U I O P
A S D F G H J K L
Z X C V B N M

Puzzle 268
Clue: eat

L	A	P	S	E
S	I	L	K	Y
H	O	M	E	R
S	M	I	T	H

Q W E R T Y U I O P
A S D F G H J K L
Z X C V B N M

137

Puzzle 269
Clue: fumble

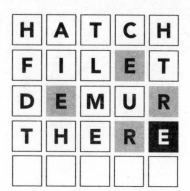

Puzzle 270
Clue: land

Puzzle 271
Clue: soft

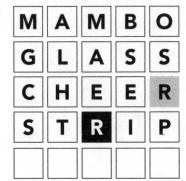

M	A	M	B	O
G	L	A	S	S
C	H	E	E	R
S	T	R	I	P

Puzzle 272
Clue:
decoration

B	L	A	N	K
F	L	O	U	T
P	E	A	C	H
S	T	U	M	P

INTENSE

Puzzle 273
Clue: fruit

H	U	T	C	H
S	H	I	E	D
G	L	A	R	E
L	E	G	A	L

Puzzle 274
Clue: joint

B	A	Y	O	U
H	U	N	C	H
A	L	I	G	N
S	P	I	E	D

Puzzle 275
Clue: upswing

Puzzle 276
Clue: remote

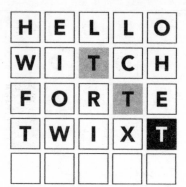

INTENSE

Puzzle 279
Clue: post

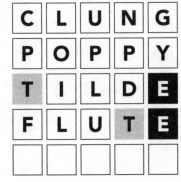

C	L	U	N	G
P	O	P	P	Y
T	I	L	D	E
F	L	U	T	E

Q W E R T Y U I O P
A S D F G H J K L
Z X C V B N M

Puzzle 280
Clue: should

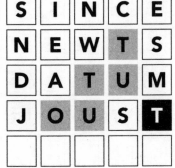

S	I	N	C	E
N	E	W	T	S
D	A	T	U	M
J	O	U	S	T

Q W E R T Y U I O P
A S D F G H J K L
Z X C V B N M

INTENSE

Puzzle 281
Clue: turn

G	O	L	L	Y
B	U	T	T	E
P	E	R	K	Y
R	O	V	E	R

Puzzle 282
Clue: main

T	O	A	S	T
F	L	O	C	K
S	U	R	G	E
A	W	A	R	E

Puzzle 283
Clue: song

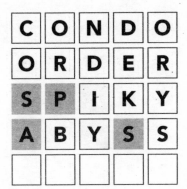

C	O	N	D	O
O	R	D	E	R
S	P	I	K	Y
A	B	Y	S	S

Q W E R T Y U I O P
A S D F G H J K L
Z X C V B N M

Puzzle 284
Clue: snap

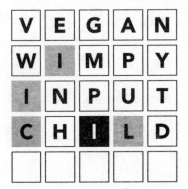

V	E	G	A	N
W	I	M	P	Y
I	N	P	U	T
C	H	I	L	D

Q W E R T Y U I O P
A S D F G H J K L
Z X C V B N M

Puzzle 285
Clue: search

D	I	S	C	O
B	U	M	P	H
C	H	A	N	T
P	L	A	T	E

Puzzle 286
Clue: spirit

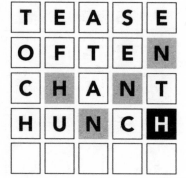

T	E	A	S	E
O	F	T	E	N
C	H	A	N	T
H	U	N	C	H

Puzzle 287
Clue: tied

W	A	I	V	E
F	L	A	C	K
E	R	U	P	T
S	L	U	S	H

Q W E R T Y U I O P
A S D F G H J K L
Z X C V B N M

Puzzle 288
Clue: used

A	G	O	R	A
C	R	A	C	K
S	M	I	T	E
S	E	V	E	R

Q W E R T Y U I O P
A S D F G H J K L
Z X C V B N M

Puzzle 289
Clue: dirt

Puzzle 290
Clue: expulsion

Puzzle 291
Clue: nomad

N I N N Y
Q U A C K
M O U T H
P O I S E

Puzzle 292
Clue: joy

A W F U L
S L U N G
B U R N T
D R I E D

Puzzle 293
Clue: flower

G	R	A	F	T
S	L	I	C	K
T	O	X	I	N
N	O	M	A	D

Puzzle 294
Clue: contend

S	P	O	O	N
S	U	S	H	I
P	L	U	C	K
U	N	C	U	T

Puzzle 295
Clue: anger

A	L	L	O	Y
S	L	A	N	T
C	H	E	A	T
A	W	O	K	E

Puzzle 296
Clue:
monster

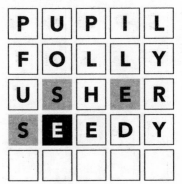

P	U	P	I	L
F	O	L	L	Y
U	S	H	E	R
S	E	E	D	Y

Puzzle 297
Clue: dodge

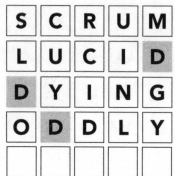

S	C	R	U	M
L	U	C	I	D
D	Y	I	N	G
O	D	D	L	Y

Puzzle 298
Clue: tranquility

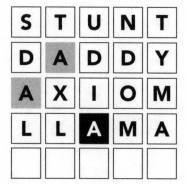

S	T	U	N	T
D	A	D	D	Y
A	X	I	O	M
L	L	A	M	A

Puzzle 299
Clue: adjust

S	P	U	R	N
V	O	U	C	H
E	Q	U	A	L
D	E	L	A	Y

Q W E R T Y U I O P
A S D F G H J K L
Z X C V B N M

Puzzle 300
Clue: piece

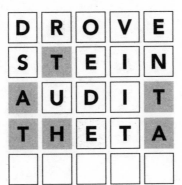

D	R	O	V	E
S	T	E	I	N
A	U	D	I	T
T	H	E	T	A

Q W E R T Y U I O P
A S D F G H J K L
Z X C V B N M

Puzzle 301
Clue: mammal

P	R	I	C	K
C	H	I	L	D
W	A	S	T	E
S	U	I	T	E

Puzzle 302
Clue: soft

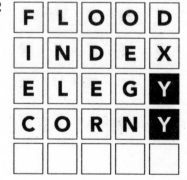

F	L	O	O	D
I	N	D	E	X
E	L	E	G	Y
C	O	R	N	Y

Puzzle 303
Clue: gutter

S	K	I	L	L
P	E	R	K	Y
E	N	D	O	W
S	L	U	N	G

Puzzle 304
Clue: earlier

S	H	A	W	L
E	J	E	C	T
G	L	O	V	E
H	O	A	R	Y

Puzzle 305
Clue: block

C	L	U	C	K
B	E	L	O	N
A	D	E	P	T
M	A	C	A	W

Puzzle 306
Clue: settled

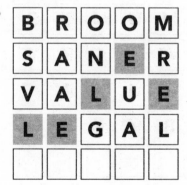

B	R	O	O	M
S	A	N	E	R
V	A	L	U	E
L	E	G	A	L

Puzzle 307
Clue: bare

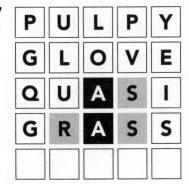

Puzzle 308
Clue: future

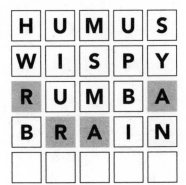

Puzzle 309
Clue: trinket

S	M	E	L	T
G	A	S	S	Y
F	E	I	G	N
F	R	U	I	T

Q W E R T Y U I O P
A S D F G H J K L
Z X C V B N M

Puzzle 310
Clue: cool

T	H	R	E	W
S	C	O	R	E
F	A	L	S	E
F	E	M	U	R

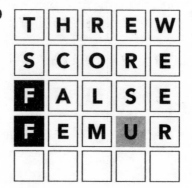

Q W E R T Y U I O P
A S D F G H J K L
Z X C V B N M

Puzzle 311
Clue: regarding

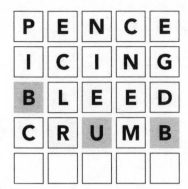

P	E	N	C	E
I	C	I	N	G
B	L	E	E	D
C	R	U	M	B

Q W E R T Y U I O P
A S D F G H J K L
Z X C V B N M

Puzzle 312
Clue: crank

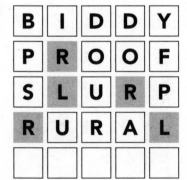

B	I	D	D	Y
P	R	O	O	F
S	L	U	R	P
R	U	R	A	L

Q W E R T Y U I O P
A S D F G H J K L
Z X C V B N M

Puzzle 313
Clue: great

Q	U	I	T	E
S	T	I	L	L
W	O	M	A	N
G	L	O	O	M

Puzzle 314
Clue: time

D	R	I	L	L
G	R	A	V	Y
D	E	C	O	Y
C	O	V	E	N

Puzzle 315
Clue: atmosphere

Puzzle 316
Clue: drain

Puzzle 317
Clue: stuffy

F	L	O	O	R
T	A	R	O	T
T	R	E	N	D
P	L	I	E	D

Puzzle 318
Clue: hectic

B	E	L	O	W
S	T	O	R	Y
O	C	E	A	N
K	N	A	C	K

INTENSE

Puzzle 319
Clue: hairy

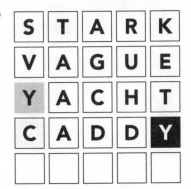

Puzzle 320
Clue: bang

Puzzle 321
Clue: implement

D	R	A	W	L
C	R	A	T	E
R	I	P	E	N
P	A	G	A	N

```
Q W E R T Y U I O P
 A S D F G H J K L
   Z X C V B N M
```

Puzzle 322
Clue: rice

L	A	P	E	L
G	R	A	V	E
D	I	Z	Z	Y
M	O	V	I	E

```
Q W E R T Y U I O P
 A S D F G H J K L
   Z X C V B N M
```

Puzzle 323
Clue: board

S	T	O	O	D
T	R	U	S	T
P	L	A	Y	A
P	O	L	K	A

Puzzle 324
Clue: light

F	L	A	S	K
S	W	A	M	P
J	O	I	N	T
V	O	T	E	R

Puzzle 325
Clue: employing

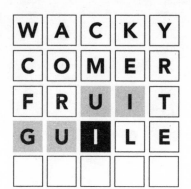

Puzzle 326
Clue: boat

Puzzle 327
Clue: shield

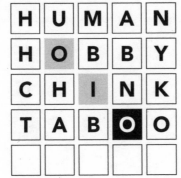

H	U	M	A	N
H	O	B	B	Y
C	H	I	N	K
T	A	B	O	O

Puzzle 328
Clue: hair

C	O	Y	L	Y
F	L	U	T	E
S	P	A	N	K
P	L	A	I	N

I
N
T
E
N
S
E

Puzzle 331
Clue: style

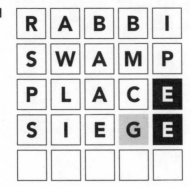

R	A	B	B	I
S	W	A	M	P
P	L	A	C	E
S	I	E	G	E

Puzzle 332
Clue: rogue

D	E	T	E	R
D	O	W	E	L
F	R	A	N	K
B	R	A	I	D

Puzzle 333
Clue: dock

N	A	S	A	L
M	U	C	K	Y
R	O	U	S	E
H	Y	P	E	R

Q W E R T Y U I O P
A S D F G H J K L
Z X C V B N M

Puzzle 334
Clue: gazing

W	O	R	L	D
C	A	T	C	H
A	L	D	E	R
C	R	I	M	E

Q W E R T Y U I O P
A S D F G H J K L
Z X C V B N M

Puzzle 335
Clue: exterior

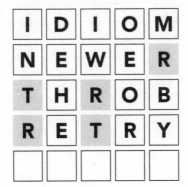

I	D	I	O	M
N	E	W	E	R
T	H	R	O	B
R	E	T	R	Y

Puzzle 336
Clue: period

B	R	I	B	E
B	L	O	A	T
S	T	A	R	K
T	R	Y	S	T

Puzzle 337
Clue: sear

E	R	R	O	R
G	R	I	P	E
P	L	A	N	T
Q	U	A	I	L

Puzzle 338
Clue:
possibly

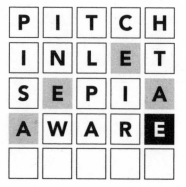

P	I	T	C	H
I	N	L	E	T
S	E	P	I	A
A	W	A	R	E

Puzzle 339
Clue: serious

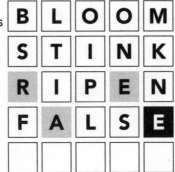

B	L	O	O	M
S	T	I	N	K
R	I	P	E	N
F	A	L	S	E

Q W E R T Y U I O P
A S D F G H J K L
Z X C V B N M

Puzzle 340
Clue: transition

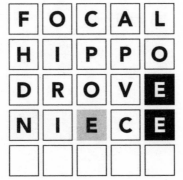

F	O	C	A	L
H	I	P	P	O
D	R	O	V	E
N	I	E	C	E

Q W E R T Y U I O P
A S D F G H J K L
Z X C V B N M

Puzzle 341
Clue: terrace

L	Y	N	C	H
C	R	U	S	T
A	B	A	C	K
B	A	S	A	L

Puzzle 342
Clue: fight

M	O	O	D	Y
T	A	X	E	D
S	P	R	A	Y
A	M	B	E	R

Puzzle 343
Clue: weapon

U	N	I	O	N
B	L	O	W	N
G	U	**E**	S	T
C	H	**E**	F	S

Puzzle 344
Clue: rule

T	O	A	S	T
B	U	T	C	H
S	L	E	E	P
D	R	A	I	N

Puzzle 345
Clue: same

F	L	U	F	F
C	R	O	W	N
S	H	O	U	T
M	O	R	O	N

Puzzle 346
Clue: extra

F	L	I	C	K
G	I	F	T	S
M	A	G	I	C
A	M	I	T	Y

176

Puzzle 347
Clue: aerated

G	I	V	E	N
C	H	E	E	K
N	A	T	A	L
A	O	R	T	A

Puzzle 348
Clue: signal

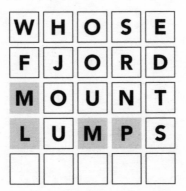

W	H	O	S	E
F	J	O	R	D
M	O	U	N	T
L	U	M	P	S

Puzzle 349
Clue: brash

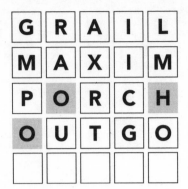

Puzzle 350
Clue: blank

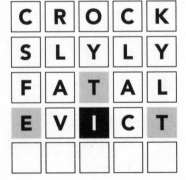

Puzzle 351
Clue: club

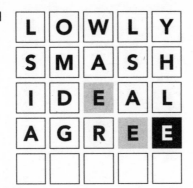

L	O	W	L	Y
S	M	A	S	H
I	D	E	A	L
A	G	R	E	E

Puzzle 352
Clue: path

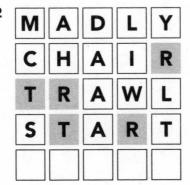

M	A	D	L	Y
C	H	A	I	R
T	R	A	W	L
S	T	A	R	T

Puzzle 353
Clue: exceed

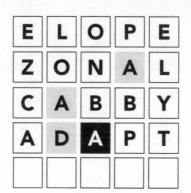

Puzzle 354
Clue: valve

Puzzle 355
Clue: nimble

C	H	U	C	K
R	O	U	N	D
S	W	E	A	R
A	F	T	E	R

```
Q W E R T Y U I O P
 A S D F G H J K L
   Z X C V B N M
```

Puzzle 356
Clue:
wanderer

W	E	L	S	H
S	H	R	U	B
B	L	I	N	D
S	Y	N	O	D

```
Q W E R T Y U I O P
 A S D F G H J K L
   Z X C V B N M
```

Puzzle 357
Clue: rent

D	O	U	B	T
F	R	I	Z	Z
G	U	S	T	Y
C	R	O	S	S

Puzzle 358
Clue: soothe

C	O	N	I	C
U	N	W	E	D
C	H	E	A	P
T	E	A	S	E

Puzzle 359
Clue: merge

R	E	S	E	T
T	H	O	R	N
P	I	N	T	O
I	C	I	N	G

Q W E R T Y U I O P
A S D F G H J K L
Z X C V B N M

Puzzle 360
Clue: cereal

B	U	G	G	Y
C	L	E	R	K
L	O	W	E	R
P	A	N	T	S

Q W E R T Y U I O P
A S D F G H J K L
Z X C V B N M

Puzzle 361
Clue: origin

Puzzle 362
Clue: loud

Puzzle 363
Clue: convey

M	A	D	A	M
L	O	U	S	E
E	N	A	C	T
C	R	O	W	N

Puzzle 364
Clue:
resupply

F	L	U	N	K
L	O	W	L	Y
C	R	I	S	P
V	E	R	S	E

Puzzle 365
Clue: vague

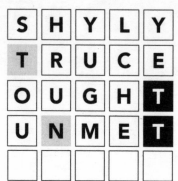

Puzzle 366
Clue: award

Puzzle 367
Clue: soak

Puzzle 368
Clue: distort

Puzzle 369
Clue:
prepared

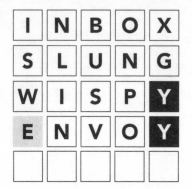

I	N	B	O	X
S	L	U	N	G
W	I	S	P	Y
E	N	V	O	Y

```
Q W E R T Y U I O P
 A S D F G H J K L
   Z X C V B N M
```

Puzzle 370
Clue:
adhesive

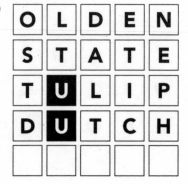

O	L	D	E	N
S	T	A	T	E
T	U	L	I	P
D	U	T	C	H

```
Q W E R T Y U I O P
 A S D F G H J K L
   Z X C V B N M
```

Puzzle 371
Clue: guilt

Puzzle 372
Clue: tossed

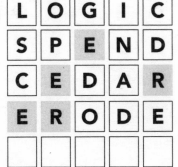

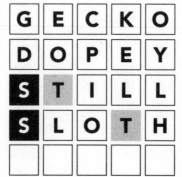

INTENSE

Puzzle 375
Clue: avoid

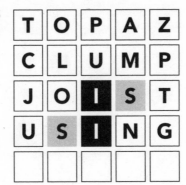

T	O	P	A	Z
C	L	U	M	P
J	O	I	S	T
U	S	I	N	G

Q W E R T Y U I O P
A S D F G H J K L
Z X C V B N M

Puzzle 376
Clue: compound

C	O	U	R	T
C	A	R	V	E
W	H	I	L	E
F	L	A	I	L

Q W E R T Y U I O P
A S D F G H J K L
Z X C V B N M

Puzzle 377
Clue: stocky

J	A	Z	Z	Y
C	A	L	M	S
S	C	O	U	R
C	O	A	C	H

```
Q W E R T Y U I O P
 A S D F G H J K L
   Z X C V B N M
```

Puzzle 378
Clue: ripe

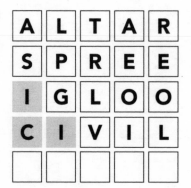

A	L	T	A	R
S	P	R	E	E
I	G	L	O	O
C	I	V	I	L

```
Q W E R T Y U I O P
 A S D F G H J K L
   Z X C V B N M
```

192

Puzzle 379
Clue: part

S	H	U	N	T
L	O	F	T	Y
G	R	O	U	T
O	N	I	O	N

Puzzle 380
Clue: treats

W	H	O	O	P
B	R	I	S	K
R	O	Y	A	L
A	G	O	N	Y

Puzzle 381
Clue: complain

Puzzle 382
Clue: fine

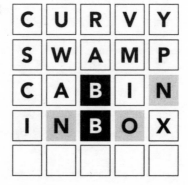

Puzzle 383
Clue: heave

S	C	A	R	F
H	U	S	K	Y
B	L	I	N	D
F	I	X	E	R

INTENSE

Puzzle 384
Clue: claw

C	R	I	S	P
G	U	M	B	O
S	W	O	R	E
R	O	B	O	T

195

Puzzle 385
Clue: currency

Puzzle 386
Clue: sill

Puzzle 387
Clue: beat

A	L	T	A	R
T	A	B	B	Y
M	O	C	H	A
G	O	O	D	S

Q W E R T Y U I O P
A S D F G H J K L
Z X C V B N M

Puzzle 388
Clue: worker

B	R	A	V	O
F	R	O	C	K
A	X	I	O	M
C	H	I	M	E

Q W E R T Y U I O P
A S D F G H J K L
Z X C V B N M

Puzzle 389
Clue: seat

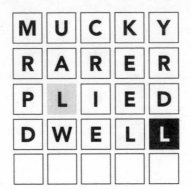

M	U	C	K	Y
R	A	R	E	R
P	L	I	E	D
D	W	E	L	L

Puzzle 390
Clue: force

R	A	Z	O	R
T	O	N	I	C
Z	E	S	T	Y
S	H	E	E	T

Puzzle 391
Clue: decompress

B	O	A	S	T
S	H	O	R	N
F	I	N	C	H
I	C	I	N	G

Q W E R T Y U I O P
A S D F G H J K L
Z X C V B N M

Puzzle 392
Clue: molten

V	I	V	I	D
R	O	U	S	E
C	R	E	A	K
T	I	A	R	A

Q W E R T Y U I O P
A S D F G H J K L
Z X C V B N M

Puzzle 393
Clue: lean

C	O	V	E	R
D	I	R	G	E
H	A	R	E	M
T	I	T	A	N

Q W E R T Y U I O P
A S D F G H J K L
Z X C V B N M

Puzzle 394
Clue: alarm

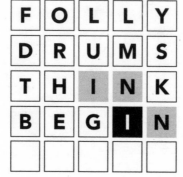

F	O	L	L	Y
D	R	U	M	S
T	H	I	N	K
B	E	G	I	N

Q W E R T Y U I O P
A S D F G H J K L
Z X C V B N M

200

I
N
T
E
N
S
E

Puzzle 395
Clue: silliness

Puzzle 396
Clue: rod

Puzzle 397
Clue:
composure

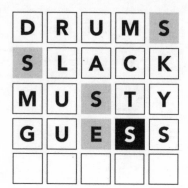

D	R	U	M	S
S	L	A	C	K
M	U	S	T	Y
G	U	E	S	S

Puzzle 398
Clue:
assemble

W	E	E	D	Y
T	I	T	H	E
A	L	E	R	T
C	L	I	N	G

Puzzle 399
Clue: border

C	H	A	F	F
B	A	C	O	N
A	D	U	L	T
E	G	R	E	T

INTENSE

Puzzle 400
Clue: slit

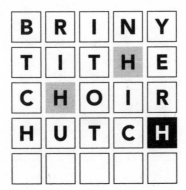

B	R	I	N	Y
T	I	T	H	E
C	H	O	I	R
H	U	T	C	H

Puzzle 401
Clue: stream

S	A	S	S	Y
B	E	L	L	E
M	O	D	E	M

Puzzle 402
Clue: loose

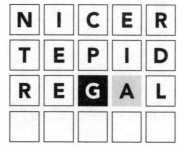

N	I	C	E	R
T	E	P	I	D
R	E	G	A	L

Puzzle 403
Clue: recipient

D	O	I	N	G
S	T	U	C	K
W	H	I	N	E

Puzzle 404
Clue: soared

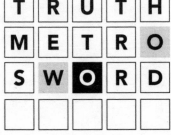

T	R	U	T	H
M	E	T	R	O
S	W	O	R	D

E
X
T
R
E
M
E

Puzzle 405
Clue: theme

V	A	L	V	E
A	L	I	B	I
V	I	G	I	L

Puzzle 406
Clue: grainy

T	H	R	E	W
C	A	S	T	E
A	R	E	N	A

Puzzle 407
Clue: upgrade

S	A	U	N	A
B	L	A	M	E
I	G	L	O	O

Q W E R T Y U I O P
A S D F G H J K L
Z X C V B N M

Puzzle 408
Clue: competent

S	C	O	O	P
W	O	R	R	Y
P	E	A	C	E

Q W E R T Y U I O P
A S D F G H J K L
Z X C V B N M

Puzzle 409
Clue: heaven

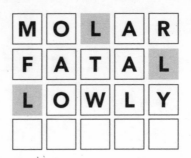

M	O	L	A	R
F	A	T	A	L
L	O	W	L	Y

Puzzle 410
Clue: play

S	H	E	L	F
W	I	C	K	S
C	R	I	E	D

Puzzle 411
Clue: charity

O	C	C	U	R
K	A	Y	A	K
C	H	A	F	E

Puzzle 412
Clue: shin

S	H	E	E	R
G	R	U	F	F
M	A	M	B	O

EXTREME

209

Puzzle 413
Clue: truth

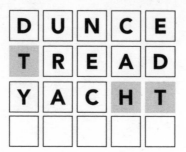

EXTREME

Puzzle 414
Clue: direct

Puzzle 415
Clue:
advantage

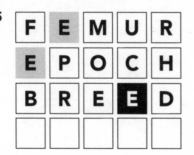

F	E	M	U	R
E	P	O	C	H
B	R	E	E	D

Puzzle 416
Clue:
hushed

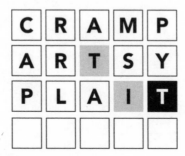

C	R	A	M	P
A	R	T	S	Y
P	L	A	I	T

Puzzle 417
Clue: ode

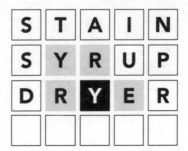

S	T	A	I	N
S	Y	R	U	P
D	R	Y	E	R

```
Q W E R T Y U I O P
 A S D F G H J K L
    Z X C V B N M
```

Puzzle 418
Clue: classy

R	E	L	I	C
L	I	N	E	N
A	L	I	B	I

```
Q W E R T Y U I O P
 A S D F G H J K L
    Z X C V B N M
```

Puzzle 419
Clue: dim

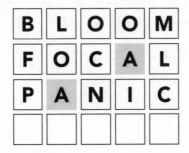

B	L	O	O	M
F	O	C	A	L
P	A	N	I	C

Puzzle 420
Clue: single

R	O	B	I	N
G	O	I	N	G
N	I	N	T	H

Puzzle 421
Clue: direction

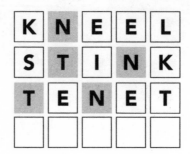

Puzzle 422
Clue: tree

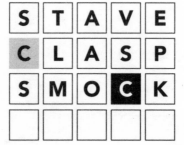

Puzzle 423
Clue: rot

S	T	O	R	K
H	O	V	E	R
L	E	A	S	H

Q W E R T Y U I O P
A S D F G H J K L
Z X C V B N M

Puzzle 424
Clue:
regional

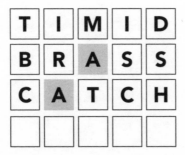

T	I	M	I	D
B	R	A	S	S
C	A	T	C	H

Q W E R T Y U I O P
A S D F G H J K L
Z X C V B N M

Puzzle 425
Clue: healer

B	O	O	Z	E
G	R	E	A	T
R	E	V	E	L

Puzzle 426
Clue: gamble

S	U	M	A	C
V	I	L	L	A
A	M	A	Z	E

Puzzle 427
Clue: spill

B	A	N	A	L
B	I	L	G	E
L	L	A	M	A

Puzzle 428
Clue: riddle

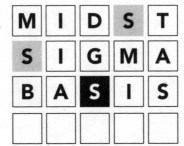

M	I	D	S	T
S	I	G	M	A
B	A	S	I	S

Puzzle 429
Clue: foul

R	A	B	I	D
M	O	L	A	R
A	L	A	R	M

Puzzle 430
Clue: brash

N	O	V	E	L
T	H	I	N	G
H	O	R	N	Y

Puzzle 431
Clue: system

A	B	H	O	R
T	W	I	R	L
S	C	A	N	T

Puzzle 432
Clue: nozzle

R	I	F	L	E
T	A	L	L	Y
B	E	S	E	T

Puzzle 433
Clue: adjudicator

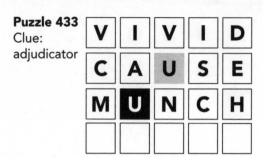

V	I	V	I	D
C	A	U	S	E
M	U	N	C	H

E
X
T
R
E
M
E

Puzzle 434
Clue: mild

D	R	O	N	E
T	I	M	I	D
I	M	P	L	Y

Puzzle 435
Clue: rod

M	A	G	I	C
H	A	P	P	Y
P	L	U	M	P

Puzzle 436
Clue: sorrowful

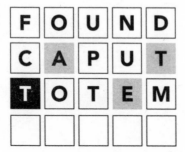

F	O	U	N	D
C	A	P	U	T
T	O	T	E	M

EXTREME

Puzzle 437
Clue: crescent

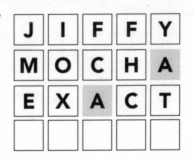

Puzzle 438
Clue: fresh

Puzzle 439
Clue: poor

G	U	I	L	D
S	A	T	Y	R
A	R	R	O	W

Q W E R T Y U I O P
A S D F G H J K L
Z X C V B N M

Puzzle 440
Clue: crease

B	U	G	G	Y
R	E	T	R	O
F	R	E	E	R

Q W E R T Y U I O P
A S D F G H J K L
Z X C V B N M

Puzzle 441
Clue: tinny

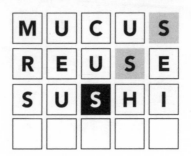

M	U	C	U	S
R	E	U	S	E
S	U	S	H	I

Puzzle 442
Clue:
discharge

C	A	R	G	O
H	A	I	R	Y
B	R	I	A	R

Puzzle 443
Clue: dishonest

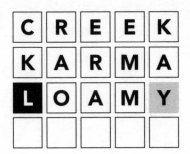

Puzzle 444
Clue: beat

Puzzle 445
Clue:
grumble

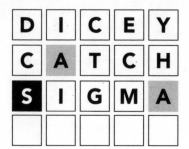

Puzzle 446
Clue:
navigate

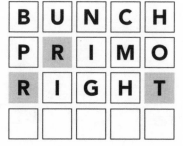

Puzzle 447
Clue: hunt

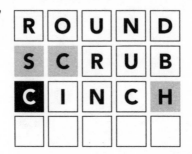

R	O	U	N	D
S	C	R	U	B
C	I	N	C	H

EXTREME

Puzzle 448
Clue: illegal

L	U	N	A	R
F	E	R	A	L
W	H	E	R	E

227

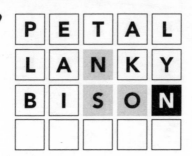

Puzzle 449
Clue: contempt

Puzzle 450
Clue: extreme

Puzzle 451
Clue: recording

W A T C H
B L O W N
S H E E R

Puzzle 452
Clue: total

H A V O C
V I R U S
P R U D E

Puzzle 453
Clue: plates

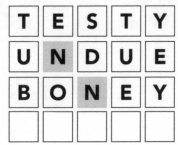

T	E	S	T	Y
U	N	D	U	E
B	O	N	E	Y

Puzzle 454
Clue: ball

R	I	S	K	Y
B	U	X	O	M
A	W	A	R	E

Puzzle 455
Clue: type

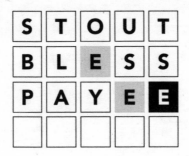

S	T	O	U	T
B	L	E	S	S
P	A	Y	E	E

Puzzle 456
Clue: harsh

B	A	T	E	D
S	I	G	H	T
G	L	O	R	Y

231

Puzzle 457
Clue: consumer

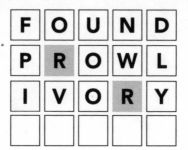

Puzzle 458
Clue: timid

Puzzle 459
Clue: skim

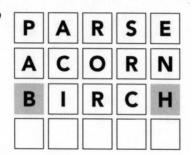

Puzzle 460
Clue: clearing

Puzzle 461
Clue: throw

M	A	C	H	O
A	D	E	P	T
S	N	U	F	F

Puzzle 462
Clue: pause

B	R	I	E	F
A	B	H	O	R
L	O	A	T	H

234

Puzzle 463
Clue: crime

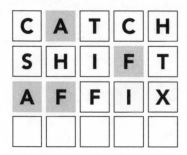

C	A	T	C	H
S	H	I	F	T
A	F	F	I	X

Puzzle 464
Clue: behind

C	H	E	A	P
S	C	A	L	E
M	A	M	M	A

EXTREME

235

Puzzle 465
Clue: hooray

Puzzle 466
Clue: decorate

Puzzle 467
Clue: mix

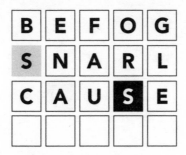

B	E	F	O	G
S	N	A	R	L
C	A	U	S	E

Q W E R T Y U I O P
A S D F G H J K L
Z X C V B N M

Puzzle 468
Clue: dive

R	E	H	A	B
H	A	U	N	T
S	P	I	N	Y

Q W E R T Y U I O P
A S D F G H J K L
Z X C V B N M

Puzzle 469
Clue: thrill

Puzzle 470
Clue: flat

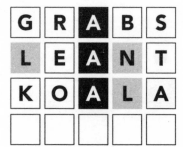

Puzzle 471
Clue: abandon

Puzzle 472
Clue: more

Puzzle 473
Clue: take

M	O	N	T	H
V	I	R	A	L
B	L	I	T	Z

Puzzle 474
Clue: partner

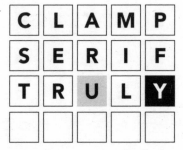

C	L	A	M	P
S	E	R	I	F
T	R	U	L	Y

Puzzle 475
Clue: tint

Puzzle 476
Clue: crowd

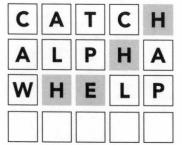

Puzzle 477
Clue: boisterous

Puzzle 478
Clue: damp

Puzzle 479
Clue: roused

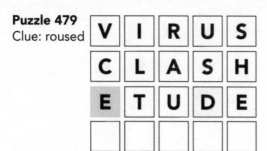

V	I	R	U	S
C	L	A	S	H
E	T	U	D	E

Puzzle 480
Clue: trim

A	D	M	I	T
S	C	A	M	P
P	A	R	R	Y

Puzzle 481
Clue: shove

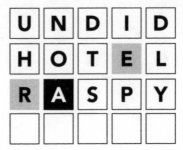

U	N	D	I	D
H	O	T	E	L
R	A	S	P	Y

Puzzle 482
Clue: gorge

B	R	I	B	E
C	E	N	T	S
A	G	L	O	W

Puzzle 483
Clue: name

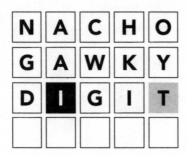

N	A	C	H	O
G	A	W	K	Y
D	I	G	I	T

Puzzle 484
Clue: tilted

P	U	D	I	C
M	U	C	K	Y
K	A	Y	A	K

Puzzle 485
Clue: terminate

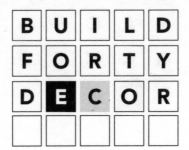

B	U	I	L	D
F	O	R	T	Y
D	E	C	O	R

Puzzle 486
Clue: call

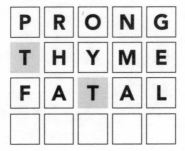

P	R	O	N	G
T	H	Y	M	E
F	A	T	A	L

Puzzle 487
Clue: spa

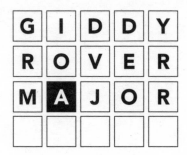

G	I	D	D	Y
R	O	V	E	R
M	A	J	O	R

Puzzle 488
Clue: raid

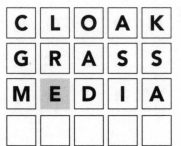

C	L	O	A	K
G	R	A	S	S
M	E	D	I	A

Puzzle 489
Clue: ring

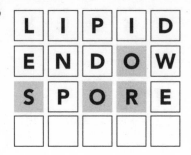

L	I	P	I	D
E	N	D	O	W
S	P	O	R	E

Puzzle 490
Clue: join

N	O	T	C	H
S	H	E	E	T
W	H	I	R	L

Puzzle 491
Clue: detergent

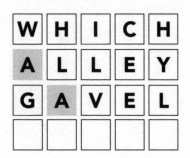

W	H	I	C	H
A	L	L	E	Y
G	A	V	E	L

Puzzle 492
Clue: fish

S	H	O	O	K
C	R	E	S	S
J	A	Z	Z	Y

Puzzle 493
Clue: line

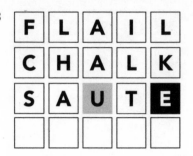

F	L	A	I	L
C	H	A	L	K
S	A	U	T	E

Q W E R T Y U I O P
A S D F G H J K L
Z X C V B N M

Puzzle 494
Clue: tiny

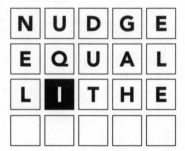

N	U	D	G	E
E	Q	U	A	L
L	I	T	H	E

Q W E R T Y U I O P
A S D F G H J K L
Z X C V B N M

EXTREME

Puzzle 495
Clue: view

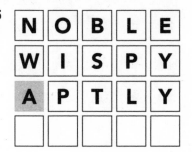

N	O	B	L	E
W	I	S	P	Y
A	P	T	L	Y

Puzzle 496
Clue: notes

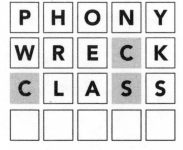

P	H	O	N	Y
W	R	E	**C**	K
C	L	A	**S**	S

E
X
T
R
E
M
E

Puzzle 497
Clue: drain

G	L	Y	P	H
H	O	B	B	Y
D	R	A	I	N

Puzzle 498
Clue: merry

D	R	E	A	M
C	O	R	A	L
S	H	U	N	T

Puzzle 499
Clue: view

H	O	L	L	Y
F	L	A	N	K
C	A	R	G	O

Q W E R T Y U I O P
A S D F G H J K L
Z X C V B N M

Puzzle 500
Clue: clever

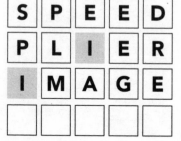

S	P	E	E	D
P	L	I	E	R
I	M	A	G	E

Q W E R T Y U I O P
A S D F G H J K L
Z X C V B N M

Solutions

1: CLIMB
2: REMIX
3: QUEEN
4: BLINK
5: AGAIN
6: ADDED
7: STATS
8: COVER
9: JUDGE
10: MEALS
11: WOUND
12: BRAND
13: SIZES
14: GUILD
15: RADAR
16: FULLY
17: COMIC
18: PIECE
19: SHEET
20: AMAZE
21: SCARY
22: GHOST
23: FACTS
24: PLANS
25: CHART
26: DRYER
27: RENEW
28: FAITH
29: FIFTH
30: BEADS
31: CLAIM
32: DELVE
33: PHONE
34: BLANK
35: TROUT
36: SALAD
37: DRAWS
38: PLAZA
39: WITCH
40: SUITS
41: PITCH
42: TESTS
43: SAVES
44: LABEL
45: SMALL
46: CRUDE
47: BINGO
48: PROXY
49: SUNNY
50: LOBBY
51: MAGIC
52: VERGE
53: DOING
54: ANGRY
55: LOGOS
56: WHEEL
57: NIGHT
58: BEARS
59: LOCKS
60: BUILD
61: QUERY
62: WIDTH
63: CYBER

64: ISSUE
65: VOTES
66: DIGIT
67: TRACK
68: CROWN
69: NAILS
70: STOCK
71: DOORS
72: QUITE
73: TEARS
74: SPELL
75: CHUCK
76: CREEK
77: LOGIN
78: PORTS
79: LINKS
80: TRULY
81: GONER
82: KARMA
83: SWEET
84: SPARK
85: SHIFT
86: MINUS
87: AGREE
88: GAMMA
89: WIDER
90: FORGE
91: KNOCK
92: ALARM
93: SPOTS
94: SALON
95: MAYOR
96: ROCKS
97: MATCH
98: TURBO
99: BADLY
100: PROBE
101: WHOLE
102: CLOTH
103: HINTS
104: GAUGE
105: FRUIT
106: TIGHT
107: NOTES
108: CROWD
109: WRITE
110: STRIP
111: JOIST
112: MODEM
113: CEDAR
114: TRUTH
115: APPLY
116: FRAME
117: PHASE
118: FOXES
119: JOKES
120: VOICE
121: SONGS
122: TODAY
123: CHICK
124: PUNCH
125: CRAZY
126: LOOKS

127: FILMS
128: GUESS
129: FAILS
130: LOVED
131: EVENT
132: MINOR
133: HOLLY
134: BOOTY
135: SCOPE
136: FLUSH
137: FLUID
138: AHEAD
139: YOURS
140: SEEMS
141: STAFF
142: PROMO
143: WORRY
144: LEVEL
145: COACH
146: EXCEL
147: PRESS
148: VAULT
149: SOCKS
150: SHAPE
151: FALLS
152: TOOLS
153: WHICH
154: NEEDS
155: CHILD
156: DOLLS
157: CHOIR
158: PARTY
159: VITAL
160: URBAN
161: GOODS
162: COUNT
163: BRIEF
164: ROOTS
165: KNOWN
166: CHIEF
167: CANON
168: GIFTS
169: PLANT
170: THREE
171: FOCAL
172: CABIN
173: GOALS
174: EXACT
175: SEEKS
176: MOUNT
177: FUNNY
178: PILLS
179: TEXTS
180: CURVE
181: DUTCH
182: KEEPS
183: FACED
184: INNER
185: VIEWS
186: SHELL
187: SPRAY
188: APART
189: RIDER

190: PUPPY
191: CARGO
192: BRAKE
193: JOINT
194: RANCH
195: OCCUR
196: GRAIN
197: TREES
198: TOUGH
199: CLUBS
200: TWICE
201: SWEEP
202: SADLY
203: SPOOF
204: STORM
205: CYCLE
206: PENNE
207: CORNY
208: PUDGY
209: TRACE
210: THYME
211: HASTY
212: CHILL
213: FLANK
214: HAPPY
215: TRUSS
216: WHALE
217: ABYSS
218: SIGHT
219: TEASE
220: SIEVE
221: GUEST
222: MONEY
223: PRAWN
224: SINGE
225: DRESS
226: BEGIN
227: PRIDE
228: MERRY
229: RUSTY
230: HARDY
231: FIERY
232: OTHER
233: WRACK
234: LUSTY
235: HOBBY
236: BRICK
237: LIEGE
238: FRILL
239: HANDY
240: SHEER
241: REVEL
242: BLUFF
243: CLOUT
244: DOWDY
245: SHORT
246: ALIBI
247: ALBUM
248: MILKY
249: PIVOT
250: BLAST
251: MADAM
252: WAIST

253: DRIED	316: BLEED	379: CAMEO	442: ERUPT
254: SPEND	317: HUMID	380: CANDY	443: LYING
255: FEWER	318: MANIC	381: GRIPE	444: THROB
256: MOLAR	319: WOOLY	382: NOBLE	445: SNARL
257: CARRY	320: WHACK	383: VOMIT	446: STEER
258: ROUGE	321: SPOON	384: TALON	447: CHASE
259: SMOKY	322: SUSHI	385: RUPEE	448: CRIME
260: ATOLL	323: PANEL	386: LEDGE	449: SCORN
261: SWIFT	324: TORCH	387: POUND	450: ULTRA
262: CROOK	325: USING	388: SMITH	451: VIDEO
263: GAVEL	326: SLOOP	389: STOOL	452: UTTER
264: REGAL	327: VISOR	390: EXPEL	453: CHINA
265: SKIMP	328: BEARD	391: UNZIP	454: DANCE
266: CLOVE	329: ODDER	392: MAGMA	455: GENRE
267: GLOBE	330: CANAL	393: SLANT	456: GRUFF
268: MUNCH	331: VOGUE	394: PANIC	457: EATER
269: GROPE	332: SCAMP	395: FOLLY	458: MOUSE
270: REALM	333: BERTH	396: STICK	459: THUMB
271: FURRY	334: EYING	397: POISE	460: GLADE
272: SPRIG	335: CRUST	398: FLOCK	461: SLING
273: MELON	336: MONTH	399: SKIRT	462: COMMA
274: WRIST	337: SCALD	400: SLASH	463: FRAUD
275: SURGE	338: MAYBE	401: RIVER	464: TARDY
276: ALOOF	339: GRAVE	402: BAGGY	465: BRAVO
277: ADAPT	340: SEGUE	403: PAYEE	466: ADORN
278: AROMA	341: PATIO	404: FLOWN	467: WHISK
279: STAKE	342: REPEL	405: TOPIC	468: SWOOP
280: OUGHT	343: SPEAR	406: MEALY	469: ELATE
281: CRANK	344: REIGN	407: REFIT	470: PLAIN
282: PRIME	345: DITTO	408: ABLED	471: LEAVE
283: PSALM	346: SPARE	409: BLISS	472: EXTRA
284: FLICK	347: FOAMY	410: DRAMA	473: SEIZE
285: TRAWL	348: IMPLY	411: TITHE	474: BUDDY
286: NYMPH	349: SHOWY	412: TIBIA	475: SEPIA
287: BOUND	350: WHITE	413: SOOTH	476: HORDE
288: SPENT	351: VENUE	414: BLUNT	477: ROWDY
289: FILTH	352: ROUTE	415: ASSET	478: SOGGY
290: ENEMA	353: DWARF	416: QUIET	479: WOKEN
291: ROVER	354: DIODE	417: RHYME	480: PRUNE
292: CHEER	355: AGILE	418: SWISH	481: BARGE
293: POPPY	356: NOMAD	419: SHADY	482: GULLY
294: ARGUE	357: LEASE	420: UNWED	483: TITLE
295: PIQUE	358: SALVE	421: NORTH	484: ASKEW
296: BEAST	359: UNIFY	422: BIRCH	485: CEASE
297: EVADE	360: MAIZE	423: DECAY	486: VISIT
298: PEACE	361: CAUSE	424: ZONAL	487: SAUNA
299: TWEAK	362: VOCAL	425: MEDIC	488: THEFT
300: PATCH	363: BRING	426: WAGER	489: TORUS
301: MOOSE	364: REARM	427: SLOSH	490: MARRY
302: MUSHY	365: FAINT	428: POSER	491: BORAX
303: CHUTE	366: MEDAL	429: AWFUL	492: GUPPY
304: PRIOR	367: DROWN	430: PUSHY	493: QUEUE
305: PARRY	368: FUDGE	431: SETUP	494: MICRO
306: DWELT	369: READY	432: SPOUT	495: GUARD
307: STARK	370: GUMMY	433: JUROR	496: MUSIC
308: LATER	371: SHAME	434: BALMY	497: SEWER
309: CURIO	372: THREW	435: SPOKE	498: TIPSY
310: FUNKY	373: LITHE	436: TEARY	499: VISTA
311: ABOUT	374: SMART	437: LUNAR	500: WITTY
312: LEVER	375: SHIRK	438: CLEAN	
313: MAJOR	376: LIPID	439: BROKE	
314: EPOCH	377: THICK	440: CRIMP	
315: ETHER	378: JUICY	441: NASAL	

SOLUTIONS

First published in 2022 by Ivy Press,
an imprint of The Quarto Group.
The Old Brewery, 6 Blundell Street
London, N7 9BH, United Kingdom
T (0)20 7700 6700
www.Quarto.com

ISBN 978-0-7112-8171-4

10 9 8 7 6 5 4 3 2 1

Compiled and designed by Tim Dedopulos and Roland Hall

Printed and bound by CPI Group (UK) Ltd, Croydon, CR0 4YY

FSC
www.fsc.org
MIX
Paper from
responsible sources
FSC® C171272